AF438261

LA POLITIQUE RÉPUBLICAINE

A L'EXTÉRIEUR

ÉGYPTE

LETTRE AU DIRECTEUR DU *FRANÇAIS*

29 et 30 octobre 1881.

PARIS

IMPRIMERIE CHAIX

IMPRIMERIE ET LIBRAIRIE CENTRALES DES CHEMINS DE FER

SOCIÉTÉ ANONYME

Rue Bergère, 20, près du boulevard Montmartre

1881

LA POLITIQUE RÉPUBLICAINE

A L'EXTÉRIEUR

—

ÉGYPTE

LETTRE AU DIRECTEUR DU *FRANÇAIS*

29 et 30 octobre 1881.

Monsieur le directeur,

Voulez-vous avoir la bonté de me prêter les colonnes de votre excellent journal pour appeler l'attention de vos lecteurs sur un côté grave de nos affaires à l'extérieur.

Les inconvénients et les périls de l'expédition, et l'on peut dire aujourd'hui de l'annexion de la Tunisie, ne devaient pas tarder à se manifester. Tous les esprits politiques en France et dans le reste de l'Europe les avaient prédits. Mais prévoyance et radicalisme sont des termes qui s'excluent dans la langue politique. Les derniers événements d'Egypte sont venus malheureusement fournir une justification trop hâtive à nos prévisions. Une révolte militaire, bien que le fait de troupes peu nombreuses, a jeté le désarroi dans le régime établi dans ce pays. Immédiatement, et de tous côtés, on s'est demandé si une intervention étrangère n'était pas indispensable pour arrêter les conséquences de cette émeute de soldats et pour rétablir l'ordre en Egypte. La presse anglaise a été la première à agiter cette question, chose fort naturelle quand on réfléchit aux intérêts de l'Angleterre dans cette partie du monde. Elle a examiné le point en particulier de savoir qui devait exercer l'intervention. Serait-ce l'Angleterre et la France réunies ou l'Angleterre seule, ou même la Turquie? L'ordre de ses préférences était évidemment pour une intervention anglaise en première ligne et au pis aller pour une intervention temporaire de la Porte. La presse française a relevé le gant et elle s'est montrée à juste titre hostile à l'une et à l'autre de ces solutions. D'un troisième côté, la Turquie, d'autant plus portée à exercer ou à recouvrer sa puissance dans ses possessions méditerranéennes qu'elle a vu cette puissance ébranlée et sensiblement diminuée dans la presqu'île des Balkans, s'est montrée toute disposée à intervenir isolément en Egypte.

La presse de notre pays a tenu généralement un langage conforme aux intérêts et aux traditions de la politique française ; mais il ne suffit pas d'affirmer une bonne politique, il faut pouvoir la mettre en pratique ; or, dans les circonstances présentes, la République est-elle en mesure de le faire ?

Quelle est notre vraie politique en Egypte ? N'y point laisser le champ libre à la seul influence de l'Angleterre, la partager avec elle, c'est-à-dire maintenir le *condominium* anglo-français ; se contenter de la surveillance et de l'exécution des réformes financières qui ont, du reste, une influence prédominante sur l'état des choses général, et ne pas se mêler des autres affaires intérieures de ce pays ; d'ailleurs éloigner toute intervention soit de la Porte, soit de l'Europe. C'était depuis nombre d'années, c'est encore pour nous, la bonne politique. Malheureusement deux faits, — deux fautes, — vinrent, de notre part, la contrarier et nous créèrent sinon des difficultés insurmontables, du moins des embarras très graves. Voici le premier : la responsabilité en remonte au cabinet qui se constitua aussitôt après la défaite des conservateurs. Non content de l'influence acquise en Egypte par le contrôle financier de la France et de l'Angleterre, le ministre des affaires étrangères d'alors voulut y joindre un autre, s'étendant en réalité à toutes les affaires politiques de cette contrée : il obligea le khédive à subir dans son cabinet deux ministres, l'un anglais, l'autre français, tous deux revêtus d'attributions pour ainsi dire souveraines. On sait à quoi cette politique a promptement abouti : à des révoltes militaires et à un trouble prolongé de nos relations avec l'Egypte.

La récente émeute des régiments est évidemment une nouvelle réaction contre l'influence étrangère, et la conséquence fatale d'une immixtion exagérée dans les affaires intérieures de l'Egypte. A cette première erreur, — erreur à laquelle l'Angleterre s'est associée plus ou moins bénévolement, — M. Waddington en ajouta une seconde, non moins grave que la précédente. Lorsque Ismaïl-Pacha, organe, il est permis de le dire ici, du sentiment général des Egyptiens, que devait révolter un système tendant nécessairement à absorber leur indépendance, eut renvoyé les ministres européens et se fût mis par là en opposition ouverte avec les deux grandes puissances, notre cabinet, abandonnant à l'improviste les errements de notre ancienne et sage politique, en appela à la Porte de la mauvaise volonté du khédive et la sollicita de transmettre le pouvoir et les fonctions de ce dernier à un autre prince. La Porte ne se le fit pas dire deux fois; et ce qui n'avait peut-être paru aux ministres français qu'une suggestion assez inoffensive, peut-être même une simple menace sur l'exécution laquelle ils ne comptaient pas, la Porte le prit au sérieux; elle fit acte de suzerain, elle intima à Ismaïl l'ordre de quitter l'Egypte en même temps que le pouvoir, et elle investit de ses dignités son fils Tewfik.

Une démarche aussi inconsidérée de la part des cabinets français et anglais pourrait bien être expliquée, mais non pas excusée par un incident qui venait d'avoir lieu et dont les conséquences semblent avoir échappé aux premières appréciations. Le renvoi des ministres européens avait produit en Egypte une sorte de surexcitation qui troubla le jugement du khédive. En même temps qu'il prenait cette mesure il retirait un décret fort important, édicté d'accord avec les puissances et qui sauvegardait les intérêts de ses créanciers étrangers. Au lieu d'agir résolument, la France et l'Angleterre se mirent à parlementer longuement avec Ismaïl. Mais assez inopinément se produisit une intervention qui brusquement coupa court à l'autre. L'Allemagne, secondée par l'Autriche, présenta au khédive une protestation tellement énergique que celui-ci fut obligé de revenir sans délai sur le retrait de son décret. C'était, on ne peut le nier, la substitution de l'influence européenne à l'influence anglo française. Qui l'avait provoquée, si ce n'est, par un enchaînement naturel, la politique d'ingérence inaugurée par la France? C'est la conséquence de la première des deux fautes. La seconde, l'appel au sultan, n'entraînait pas une conséquence d'une moindre portée; elle ressuscitait la suzeraineté de la Porte qui tombait peu à peu davantage en désuétude.

Comprend-on maintenant que, le principe posé, les conséquences en aient découlé tout naturellement? que la dernière insurrection ait suggéré à Constantinople comme en Europe le recours au moyen répressif précédemment employé? C'est une bonne pensée dont je veux bien louer M. Barthélemy Saint-Hilaire de s'opposer à une intervention de la Porte, mais quelle raison le gouvernement français est-il en droit d'invoquer quand il a reconnu lui-même la suzeraineté de la Turquie dans ses démêlés avec Ismaïl-Pacha?

Il y a une seconde raison de fait qui rend très difficile un retour franc et net à notre politique traditionnelle en Egypte, peut-être hélas! compromise à tout jamais : c'est l'expédition de Tunisie. Là, encore, nous avons exercé une action excessive, inutile, je serais tenté de dire illégitime, qui a soulevé contre nous l'élément musulman tout entier, la Porte y compris, sans préjudice de la défiance profonde que nous avons excitée en Angle-

terre et en Italie. C'est là une première et bien triste conséquence de notre expédition, mais elle n'est pas la seule. Comment
pourrions-nous, en ayant sur les bras une affaire telle que l'insurrection arabe depuis la frontière de la Tripolitaine jusqu'à
celle du Maroc, nous occuper, dans la mesure nécessaire, de la
question d'Egypte ? On sait déjà la quantité considérable de troupes que nous avons dû expédier en Afrique et on prévoit la nécessité de les augmenter encore en présence de la fermentation qui
s'étend. Sans être trop disposé à croire au désordre que ces nom-
breux envois auraient apporté dans les plans de mobilisation
générale, il est difficile cependant d'échapper à toute préoccupation
sur ce point : enfin, on devine ce que coûtera cette guerre !
Comment donc trouver dans le même temps une disponibilité
suffisante sous le double rapport militaire et financier pour une
autre expédition si elle devenait nécessaire ? J'ai exposé plus haut
les traits essentiels, à mes yeux, de la politique à suivre à l'é-
gard de l'Egypte : ne pas intervenir dans ses affaires de ménage,
tout en conservant le contrôle financier; mais, d'une part, empêcher
à tout prix l'ordre d'être troublé; d'autre part, s'arranger pour
éviter toute autre intervention que celle de l'Angleterre et de la
France réunies. Or, en nous renfermant dans l'éventualité d'une
action de la Porte, sujet moins délicat que l'autre, il faut,
pour atteindre ce double but, être prêt, il faut avoir les mains
libres.

Supposons qu'une démonstration navale soit jugée nécessaire,
— et il n'y a rien de chimérique dans cette supposition — à
quelles conditions serait-elle efficace ? A condition d'abord que l'on
ne recommencerait pas la comédie ridicule d'une flotte sans canons
comme à Dulcigno; ensuite que les vaisseaux porteraient des
troupes de débarquement en quantité respectable et toutes prêtes
à agir au besoin. Ces conditions sont-elles possibles à remplir?
Demandons-le non pas seulement au général Farre qui a tant de
mal à trouver les contingents nécessaires pour réprimer les
insurrections de Tunisie et d'Algérie, mais à tous les hommes de
guerre compétents : leur réponse n'est pas douteuse : elle sera
négative.

Mais quand nous admettrions qu'il n'est pas impossible d'en-
voyer des vaisseaux et des régiments en Egypte, n'oublions pas
une chose, c'est que nous ne pouvons y aller seuls, c'est qu'il faut
coopérer avec l'Angleterre. Et voilà une troisième difficulté pour
pratiquer la bonne politique dont j'ai parlé. Est-il bien prouvé,
après avoir autant éveillé les susceptibilités de cette puissance
par nos prétentions en Tunisie, qu'elle accepterait volontiers
l'idée d'une sérieuse expédition à deux? que l'opinion publique
en Angleterre admettrait un pacte de ce genre? On serait tenté
peut-être à première vue de considérer comme une réponse
affirmative et suffisante pour lever tous les doutes quelques

paroles prononcées il y a deux ou trois semaines par le premier ministre de la couronne britannique à Leeds, et que confirmerait l'annonce du départ de deux cuirassés, l'un français, l'autre anglais, pour Alexandrie. Je crains pourtant que les doutes ne subsistent encore malgré le discours de M. Gladstone et la manifestation annoncée de l'entente anglo-française ; je vais essayer de le prouver, en même temps que j'exposerai l'incident qui paraît avoir donné lieu à cette ébauche d'intervention.

Pour qui a lu avec quelque attention depuis un mois les journaux anglais, il est clair qu'on en est arrivé de l'autre côté du Détroit à considérer notre influence en Egypte comme d'ordre très secondaire, comme destinée à s'amoindrir graduellement : on ne se cache pas de juger le moment venu de substituer l'influence anglaise à la nôtre. Nous avons lu tout au long dans les feuilles anglaises que «l'Egypte avait pour l'Angleterre l'importance de la Tunisie pour la France, et que certainement, en présence du poids incontesté des intérêts anglais en Egypte, la France elle-même ne pourrait trouver à redire à une intervention isolée de l'Angleterre... » Impossible de comp'er davantage sur le désintéressement de la France!

On serait même disposé, ce qui est particulièrement délicat pour nous, à adopter à l'égard de l'Egypte, en vue « d'assurer à l'Angleterre son autorité sur ce pays », la politique qui était jusqu'à présent la nôtre! Tout récemment, en effet, l'organe le plus important de l'opinion dans le royaume uni, — j'ai nommé le *Times*, — après avoir passé en revue les divers moyens propres à assurer l'autorité de l'Angleterre, disait : « Il y a le moyen qui consisterait à développer et à encourager l'indépendance égyptienne, en la garantissant nous-mêmes et en nous mettant ainsi dans une position de quasi-suzeraineté, de suzeraineté de fait, sinon nominale. » Et il ajoutait : « Si l'Angleterre se prononçait en faveur de cette politique, et nous ne disons pas que ce ne serait pas le meilleur au point de vue idéal et le plus désirable à plus d'un titre, elle adopterait la politique qui a été traditionnellement celle de la France, et dont le dernier représentant a été l'ancien agent français, M. de Ring. »

Le *Times* a raison ; il comprend bien la politique traditionnelle de notre pays! Nous l'aurions donc abandonnée, puisque notre ministre des affaires étrangères a destitué l'honorable et habile M. de Ring! Voilà M. de Ring vengé par le *Times* ! Mais qui vengera la France ?

Quoi qu'il en soit de certaines exagérations de cette polémique, il n'y a plus à se méprendre sur les tendances défavorables de l'opinion publique chez nos voisins.

Mais, dira-t-on, le gouvernement anglais, par la bouche du chef du cabinet, vient de déclarer qu'il désirait maintenir l'entente avec la France au sujet des affaires égyptiennes, et c'est là un correctif efficace au mauvais vouloir de la presse anglaise.

L'opinion publique et le gouvernement, il est vrai, ne sont pas une seule et même chose. Mais, n'en déplaise aux républicains et à leurs prétentions, il n'y a pas de pays au monde où le gouvernement soit plus obligé qu'en Angleterre de se conformer, en définitive, à l'opinion publique, car il n'en est pas où le Parlement et le public lui-même disposent de plus de moyens d'informations avec plus d'esprit politique, de patriotisme, de bon sens pour se former un jugement et plus de puissance pour l'imposer.

Jusqu'à quel point le cabinet anglais, exprimant sa confiance dans le maintien de la coopération de l'Angleterre et de la France, s'est-il mis en opposition avec l'opinion publique ? N'a-t-il pas introduit des réserves importantes à ces déclarations ? C'est ce qu'il s'agit d'examiner et je le ferai brièvement.

Vous savez qu'à la nouvelle des derniers incidents en Egypte, c'est-à-dire de l'émeute militaire et de la chute des ministres, la Porte eut tout de suite l'idée d'intervenir en envoyant un corps de troupes. Ce projet n'ayant pas laissé que de produire quelque émotion dans une partie de l'Europe au moins, la Porte l'abandonna, mais elle le remplaça par un autre, l'envoi au Caire d'une mission composée de plusieurs personnages d'un rang élevé. Quel était l'objet de cette mission? Il est très difficile de le savoir au juste malgré les explications demandées et données par la Porte; et plus on lui en a réclamé, moins elle a voulu les donner claires. En tout cas il y en avait un assez apparent pour qu'il fût indifférent d'avoir ou de n'avoir pas les explications de la Porte. J'y ai déjà fait allusion. La faute commise il y a deux ans environ par la France et par l'Angleterre d'en appeler au sultan de la mauvaise administration du khédive Ismaïl portait tout simplement ses conséquences naturelles : puisque la Porte avait été appelée une fois par les deux puissances elles mêmes à trancher la question à titre de suzerain, elle devait se croire autorisée à en faire autant une seconde fois ; et, par là, sans sacrifices d'aucune sorte, elle resserrait avec l'Egypte des liens de vassalité qui n'existaient plus guère que nominalement.

Quoi qu'on pense de la logique du sultan, il est très compréhensible que l'Angleterre se soit émue de ses velléités de suzerain, provoquées ou non par elle, et c'est alors que très vraisemblablement et tout naturellement les ministres de la reine se seront dit : « Allons au plus pressé! Oublions pour un temps plus ou moins long les griefs contre la France et, avant de vider nos questions de rivalité, faisons appel à sa coopération afin de parer aux dangers d'une intervention de la Porte. » Je ne pense pas que l'opinion publique en Angleterre trouve à redire à cette tactique. D'après la correspondance officielle dont un journal anglais a donné des extraits, assez obscurs du reste (¹), il paraît qu'on aurait fait des représentations à Constantinople, et probablement sur un ton plus comminatoire qu'amical. Ensuite l'Angleterre aurait songé à d'autres sûretés : d'accord avec la France , elle aurait adressé au khédive, par l'intermédiaire des deux consuls généraux, des recommandations de nature à le mettre en garde contre les ingérences des commissaires turcs, et même une déclaration formelle des deux puissances qu'elles n'entendaient pas que la Porte se mêlât à aucun degré des affaires soumises au contrôle anglo-français. Quant à l'envoi des deux cuirassés, il est malaisé d'en préciser le sens exact. Il semble que leur apparition dans les eaux d'Alexandrie devait avoir pour but de refroidir les prétentions de la Porte. Néanmoins, on ne peut rien affirmer en présence d'interprétations différentes, d'une entre autres, ayant une origine sérieuse, peut-être bien officielle dans une certaine mesure.

Voici présentée sous son vrai jour, je crois, l'explication de l'entente annoncée par M. Gladstone entre les gouvernements de France et d'Angleterre. Ne nous faisons pas d'illusion, d'ailleurs, sur le sens du langage du premier ministre et des communications échangées récemment entre les deux cabinets. Qu'on veuille bien y faire attention, en effet : M. Gladstone, en mentionnant les bons résultats de l'action commune de la France et de l'Angleterre, a commencé par observer « qu'elle était nécessairement susceptible de beaucoup de difficultés et d'objections et que l'on commençait à faire l'expérience des risques qu'elle pouvait faire courir. » De plus, il faut remarquer 'soit dans le discours du premier ministre, soit dans la correspondance diplomatique, que les éloges donnés à l'union des deux puissances et le concert que M. Gladstone « s'efforcerait », dit-il, de maintenir ne portent que sur un seul point, la réorganisation des finances égyptiennes et la position acquise aux deux contrôleurs français et anglais. Le programme ne s'étend pas plus loin, ce dont je ne me plaindrais certainement pas si cette assurance n'était pas précédée de la réserve que je viens de signaler et si elle n'était pas suivie d'une autre réserve formulée par le premier ministre en ces termes : « L'Angleterre ne cherchera pas à étendre les limites de son intervention, à *moins de nécessité imprévue.* » Et dans cette indication très claire de l'éventualité d'une intervention agrandie, personne ne lira que la France serait appelée par l'Angleterre à y coopérer.

Il y a plus : d'après certains renseignements recueillis à des sources sérieuses, si les deux puissances agissent de concert, il ne s'en serait pas moins élevé entre elles plusieurs dissentiments.

(¹) *Nord* et *Temps* du 12 octobre 1881.

On assure que M. Barthélemy Saint-Hilaire aurait insisté sur une intervention bien plus accentuée, renouvelant en cela la faute commise antérieurement par son prédécesseur , M. Waddington. Enfin l'Angleterre, n'ayant pas vis-à-vis de la Turquie des préoccupations aussi étendues que la France en ce moment, se serait refusée à élargir la signification de la démonstration navale (²). On le voit, une entente établie dans de pareilles conditions n'est pas bien solide.

Concluons : on ne peut vraiment discerner, dans le langage et dans l'attitude du gouvernement anglais à propos des affaires égyptiennes, rien qui soit de nature à contrecarrer ou à offusquer l'opinion publique en Angleterre. Les arguments plus ou moins passionnés de celle ci pour assurer en temps et lieu l'autorité de l'Angleterre sur l'Egypte, c'est-à-dire pour faire triompher la prépondérance anglaise, ne trouvent pas leur contre-partie dans les raisons qui unissent en ce moment les deux pays.

Il y a peu de jours, le leader du parti tory, le marquis de Salisbury, après avoir remercié M. Gladstone des éloges que ce dernier avait donnés à la politique suivie par la précédente administration en Egypte, recommandait fortement au gouvernement «de ne pas souffrir qu'une alliance ou une crainte quelconque fît tomber à un rang secondaire l'influence et la puissance de l'Angleterre en Egypte». Tous les jours encore, le *Times* fait l'éloge de ce langage et renchérit dessus.

Nous devons donc nous dire sans hésitation en France que, si l'accord existe sur un point il ne préjuge en rien les difficultés de l'avenir : au fond, le dissentiment subsiste tout entier ; c'est une difficulté appelée à être réglée lorsque tout danger d'une intervention turque ou européenne sera éloigné. Or, qui ne voit que notre expédition en Tunisie, en donnant aux Arabes le signal d'une levée de boucliers formidable, nous oblige à un déploiement de forces tel — et pour un temps bien long peut-être — que nous serons dans la cruelle nécessité de laisser le champ libre à l'Angleterre le jour plus prochain peut-être qu'on ne le croit où elle jugera le moment venu de rattacher plus étroitement l'Egypte à son empire colonial ?

Je voudrais beaucoup, monsieur le directeur, ne pas abuser de votre obligeance en donnant à cette lettre de trop vastes proportions ; néanmoins un coup d'œil rapide jeté sur certaines circonstances se rattachant à l'intervention de la Porte et capables de lui assigner une portée plus considérable qu'on ne le jugeait au premier abord me paraît trop exactement rentrer dans le cadre que je me suis tracé pour ne pas vous demander la permission d'insister sur ce point avant d'achever l'examen de la question égyp-

---

(²) *Nord* et *Morning-Post* du 15 octobre.

tienne et des tristes conséquences engendrées par les fautes de notre politique.

Le départ des commissaires ottomans est effectué. Serait-il raisonnable d'en inférer que leur mission ait complètement échoué? Une telle conclusion très désirable assurément, serait pourtant prématurée, car l'obscurité qui régnait dès le début à son sujet n'est pas encore dissipée. L'objet apparent de cette mission est bien celui que j'ai indiqué : il serait effectivement difficile d'en douter après certains détails significatifs, tels que le langage tenu par l'un des envoyés du sultan, se considerant comme autorisé à passer en revue un régiment égyptien auquel il enseigne la fidélité due par lui *non seulement au Sultan, mais aussi* au khédive, tels encore que les dignités conférés au chef du nouveau ministère égyptien par le sultan, et les honneurs rendus par ce dernier aux envoyés qu'il a compagne jusqu'au lieu de leur embarquement, toutes choses soit dit en passant qui ne prouveraient guère l'entière déférence du khédive aux recommandations des deux puissances. Le doute ne me paraît donc pas possible sur l'objet apparent de la mission ; mais ne comporterait-elle pas encore d'autres explications non moins inquiétantes que plausibles qu'il n'est pas hors d'intérêt d'indiquer ?

En premier lieu n'est-il pas digne de remarque que cette recherche d'extension d'influence en Egypte coïncide avec le mouvement qui s'est déclaré à la suite des événements de Tunisie dans tout le nord de l'Afrique parmi les musulmans et qui les montre soulevés contre toute domination étrangère à leur race et à leur culte ?

En second lieu, s'est-on assez préoccupé de l'attitude de certaines grandes puissances, autres que la France et l'Angleterre, après les incidents de la question égyptienne et devant les solutions propo‐ sées dans ces deux derniers pays? Si l'Allemagne et l'Autriche-Hongrie ont gardé le silence — je ne parle, bien entendu, que de ce qui est communiqué au public — la presse officieuse en Russie a parlé et son langage n'a pas été désavoué, que je sache, par ceux dont l'entrevue de Dantzig l'a rapprochée sans un doute possible. Le *Journal de Saint-Pétersbourg*, à l'occasion du partage d'influence dans la Méditerranée soulevé par des journaux anglais, fit remarquer que « la possession de l'Egypte n'était et ne pouvait être ni une question exclusivement anglaise ni une question franco-anglaise, et que, si à propos de cette question ou de toute autre en Orient, il devait surgir des difficultés, on chercherait à les résoudre par un accord de toutes les puissances et non pas par des combinaisons plus ou moins aventureuses. »

Ici, je demanderai à vos lecteurs en leur rappelant l'intervention imprévue, hardie et couronnée de succès de l'Allemagne et de l'Autriche au Caire en 1879, je leur demanderai si l'intervention de la Porte ne devait pas être agréable aux trois empires du Nord, en ce sens qu'elle contrecarrait la prétention de laFrance et de l'Angleterre de régler à elles seules les questions relatives à l'Egypte, tout au moins qu'elle interromprait la prescription des droits revendiqués par ces deux puissances ? Ceci m'étant accordé, et l'on ne peut guère le contester, qu'on veuille bien me dire alors s'il serait téméraire de penser que les trois empires n'ont peut-être pas été complètement étrangers à la démarche de la Porte, certains que leurs propres intérêts placés en dehors de la Méditerranée ne courent aucun risque sérieux de la suzeraineté de la Turquie sur l'Egypte ? On télégraphiait de Berlin, le 7 ou le 8 octobre, à un journal anglais qu'on s'y montrait favorable à l'envoi des commissaires turcs au Caire parce que l'on considérait leur mission comme devant empêcher l'Angleterre de mettre la main sur l'Egypte. Sans nous arrêter à cette dépêche dont l'autorité n'est pas acquise, n'est-on pas en droit de rappeler qu'en ce moment, s'il est un fait connu de tous les cabinets européens, c'est la prépondérance de l'influence allemande à Constantinople. Admettra-t on que la résolution du sultan ait pu être prise sans l'approbation de l'Allemagne, au moins contre son avis, et exécutée malgré les efforts connus des deux ambassadeurs de France et d'Angleterre pour la suspendre ? C'est difficile à croire. Néanmoins je ne me permets de donner tout ceci que sous forme de déduction, mais convenez-en, monsieur le directeur, de déduction digne de l'attention de vos lecteurs.

Ce qui n'est pas seulement une déduction, mais quelque chose de réel et de tangible pour ainsi dire, c'est la manifestation déjà évidente de ne pas laisser seules la France et l'Angleterre régler les questions relatives à l'Egypte ; et en rapprochant ce fait d'un second, l'intervention plus ou moins réussie de la Porte, nous connaissons la double cause des alarmes des gouvernements de France et d'Angleterre, qui les ont portés à continuer ou à rétablir momentanément leur entente. J'ai montré par quelle succession de fautes le gouvernement de la République avait créé ces deux périls, et aujourd'hui, cela n'est que trop évident, l'expédition de Tunisie en a créé une troisième, la lutte d'influence en Egypte entre les deux pays alliés jusque-là, lutte dans laquelle nous avons trop peu de chances en notre faveur, faute de moyens pour soutenir nos droits. Loin d'avoir un parti pris contre tous nos ministres des affaires étrangères, j'ai rendu justice à l'honorable M. Barthélémy Saint-Hilaire pour sa bonne volonté lorsqu'il s'est opposé à l'intervention de la Porte, comme je reconnais volontiers ses bonnes intentions dans d'autres occasions. Mais les bonnes intentions, ne suffisent pas dans ce monde. L'enfer en est pavé, dit-on ! On ne peut faire que ce qui est possible, mais il faut rendre possible tout ce que l'on doit faire. Or, si M. Barthélemy Saint-Hilaire et ses collègues eussent été doués d'un véritable esprit politique, ils auraient compris qu'en se déterminant à faire l'expédition de Tunis — peut-être avec des encouragements peu désintéressés — et en signant le traité de Kassar-Saïd ils seraient entraînés dans une guerre dont on ne peut prévoir les péripéties et le terme qu'ils compromettraient ailleurs l'influence de la France, qu'ils soulèveraient contre nous tout le monde musulman, qu'ils se constitueraient en hostilité contre la Porte, chose grave, car aujourd'hui, suivant une parole profonde du duc de Broglie, « s'attaquer à la Turquie, c'est s'attaquer à toute l'Europe [1] ». Ils se sont heurtés, en effet, aux droits ou aux prétentions, et qui pis est à l'amour-propre de l'Angleterre et de l'Italie, et ils s'en sont fait des adversaires. La question d'Egypte était toujours une question délicate ; grâce aux fautes de M. Barthelemy Saint-Hilaire et de ses collègues, c'est aujourd'hui une question très épineuse, pleine de périls, dans laquelle la dignité et l'influence de la France sont menacées d'une défaite peut-être irrémidiable.

N'est-ce pas un texte de réflexions amères que la politique extérieure de la République ? Quand on se représente l'abîme où nous avaient précipités nos malheurs et qu'on se remet sous les yeux la situation à laquelle nous étions arrivés six ans après, grâce au patriotisme et à l'habileté de ceux qui avaient jusque là dirigé nos destinées, tout homme impartial reconnaîtra que la France se relevait et qu'elle remontait au rang que lui assignaient ses grandeurs et sa prospérité antérieures. Avec le concours du pays tout entier, une fabuleuse indemnité de guerre était acquittée, les craintes de conflits nouveaux avaient disparu, la réorganisation de l'armée était presque achevée, et justice nous était rendue à ce point dans le monde que nous étions conviés à rentrer dans le concert européen. Sans doute des difficultés subsistaient encore, du moins elles n'étaient pas insurmontables et on était en droit de compter qu'elles ne troubleraient pas le pays au point de l'arrêter dans son essor réparateur. Et aujourd'hui !... A peine les républicains se sont-ils emparés du pouvoir que tout ce travail, tous ces efforts sont compromis. Pendant qu'à l'intérieur la société est attaquée jusque dans ses fondements, que la religion est traitée en ennemie, les libertés et les institutions les plus précieuses battues en brèche, la magistrature bafouée, la hiérarchie militaire livrée aux intrigues de la politique, au dehors le pays est lancé sans son assentiment dans toute sorte d'aventures. C'est l'Egypte, que nos imprudences ont convertie presque en ennemie ; c'est l'expédition de Dulcigno avec ses canons vides, qui amoindrit notre considération ; c'est la Tunisie, où nous jouissions en paix d'une influence prépondérante et où nous avons porté étourdiment une guerre qui soulève contre nous toute la

---

[1] Discours de M. le duc de Broglie au Sénat, 26 juillet 1881.

France et qui menace de devenir pour l'Afrique un second Mexique, si nous ne méditons pas sur un exemple mémorable donné en Afghanistan et au Transvaal ; c'est, d'autre part, l'Angleterre mise en défiance, l'Italie devenue hostile, l'Espagne elle-même irritée! et pendant ce temps l'alliance des trois empires se resserre et admet l'Italie dans ses rangs. J'ignore si les lauriers de M. Ferry empêchent nos ministres des affaires étrangères de dormir. Mais comme on ébranle peu à peu toutes les bases sociales à l'intérieur, il semble qu'on veuille perdre toutes les traditions de notre politique extérieure. Que l'on continue dans cette voie et le système inauguré, suivi par nos maîtres, aura infailliblement un nom dans l'histoire : il s'appellera le régime républicain!

Agréez, monsieur le directeur, etc.

E. G. B.